名人传

屈 原
汨罗江畔的悲吟

郭怡汾 著　　夏燕靖 绘

人民文学出版社
PEOPLE'S LITERATURE PUBLISHING HOUSE

著作权合同登记号　图字 01－2023－1737

©三民书局股份有限公司
本著作中文简体字版由三民书局股份有限公司授权上海九久读书人文化实业有限公司
与人民文学出版社在中国大陆(台湾、香港、澳门地区除外)独家出版。

图书在版编目(CIP)数据

屈原：汨罗江畔的悲吟/郭怡汾著；夏燕靖绘.
—北京：人民文学出版社，2019(2025.5 重印)
(名人传)
ISBN 978-7-02-015115-8

Ⅰ．①屈…　Ⅱ．①郭…　②夏…　Ⅲ．①屈原(约前
340－约前 278)－传记　Ⅳ．①K825.6

中国版本图书馆 CIP 数据核字(2019)第 049808 号

责任编辑　朱卫净　吕昱雯
装帧设计　汪佳诗

出版发行　人民文学出版社
社　　址　北京市朝内大街 166 号
邮政编码　100705

印　　制　山东新华印务有限公司
经　　销　全国新华书店等

字　　数　47 千字
开　　本　890 毫米×1240 毫米　1/32
印　　张　3.5
版　　次　2019 年 7 月北京第 1 版
印　　次　2025 年 5 月第 11 次印刷

书　　号　978-7-02-015115-8
定　　价　35.00 元

如有印装质量问题,请与本社图书销售中心调换。电话:010－65233595

序

不论世界如何演变，科技如何发达，但凡养成了阅读习惯，这将是一生中享用不尽的财富。

三民书局的刘振强董事长，想必也是一位深信读书是人生最大财富的人，在读书人数往下滑落的多元化时代，他仍然坚信读书的重要性。刘董事长也时常感念，在他困苦贫穷的青少年时期，是书使他坚强向上；在社会普遍困苦、生活简陋的年代，也是书成了他最好的良伴。他希望在他的有生之年，分享这份资产，让其他读者可以充分使用。

"名人传"系列规划出版有关文学、艺术、人文、政治与科学等各行各业有贡献的人物故事，邀请各领域专业的学者、作家同心协力编写，费时多年，分梯次出版。在越来越多元化的世界中，每个人都有各自的才华与潜力，每个朝代也都有其可歌可泣的故事，但是在故事背后所具有的一个共同点，就是每个传记主人公在困苦中不屈不挠的经历，这些经历经由各位作者用心查阅有关资料，再三推敲求证，再以文学之笔，写出了有趣而感人的故事。

西谚有云：世界因有各式各样不同的人，才更加多彩多姿。这套书就是以"人"的故事为主旨，不刻意美化主人公，以他们的生活经历为主轴，深入描写他们成长的环境、家庭教育与童年生活，深入探索是什么因素造成了他们的与众不同，是什么力量驱动了他们锲而不舍地前行。以日常生活中的小故事来描写出这些人为什么能使梦想成真，尤其在阅读这些作品时，能于心领神会中得到灵感。

和一般从外文翻译出来的伟人传记所不同的是，此套书的特色是由熟悉文学的作者用心收集资料，将知识融入有趣的故事，并以文学之笔，深入浅出写出适合大多数人阅读的人物传记。在探讨每位人物的内在心理因素之余，也希望读者从阅读中激励出个人内在的潜力和梦想。我相信每个人都会发呆做梦，当你发呆和做梦的同时，书是你最私密的好友。在阅读中，没有批判和讥讽，却可随书中的主人公海阔天空一起遨游，或狂想或计划，而成为心灵

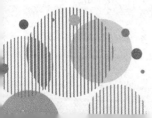

知交。不仅留下从阅读中得到的神交良伴（一个回忆），如果能家人共读，读后一起讨论，绵绵相传，留下共同回忆，何尝不是一派幸福的场景！

谨以此套"名人传"丛书送给所有爱读书的人。你们都是世界上最幸福的人，因为一直有书为伴，与爱同行。

目 录

名人传

屈　原

约前340—约前278

序　幕

细雨霏霏，绵密的雨丝洒落在瓦片上，啪嗒啪嗒，十分动听。白雾似的水气穿过栽满了兰草、白芷等香草的院子，从窗隙门缝渗进房中，熏得满室芳馥。

这是多么迷人的雨夜啊！可是独自一人坐在几案前的屈原却完全不听不看，因为他满脑子都是楚国当前险恶的处境：

西方的强邻——秦国——已经不再掩饰它称霸天下的野心，连年出兵侵略其他国家，夺取广大的土地，将势力伸入中原，如今仅剩下齐国还保持着较强大的实力，尚可与秦国一拼。

最符合楚国利益的做法应该是与齐国结盟，并联合其他国家一同抵抗秦国的侵略，但楚国却没有这样做。

它有时因畏惧秦国的威胁而与齐国结盟，有时又贪图秦国的利诱转而投靠秦国，立场摇摆不定，坐视时局转变，逐渐陷自己于顾此失彼、俯仰由人的窘迫境地。

不该是这样，也不能继续是这样啊！

屈原今年不过四十岁，身体还像少年时期一样健壮。若他还是左徒，甚至被任命为令尹①，他能为国家做的事情不知会有多少！他有自信能匡正朝政，清除时弊，使国家强盛，外敌不敢轻侮；使人们安居乐业，丰衣足食，不知忧虑。

可是事实就摆在眼前，他空有满腹才学，却已失去大王的宠信，如今只落得屈居三闾大夫这个官位，负责督导王孙子弟的课业，闲暇时写写文章，发发牢骚的下场。

屈原郁闷地叹了口气，勉强将注意力拉回还在草稿阶段的诗文上：

　　帝高阳之苗裔兮，朕皇考曰伯庸。摄提贞于孟陬

---

① 相较于其他诸侯国，楚国的官僚制度是比较特别的，不但官名与其他诸侯国完全不同，文武二职亦没有完全分离。根据现有的文献，楚国官僚体系中地位最高的是令尹，相当于宰相。柱国虽然是战争时的最高统帅，但地位仍在令尹之下。莫敖曾是楚国职等最高的官员，但后来被令尹所取代。至于屈原曾担任的左徒，亦是地位相当高的官职。

兮，惟庚寅吾以降。①

读着读着，屈原得意地笑了。他知道这将会是篇千古流传的佳作，是无法一展长才的自己一抒胸中郁结，并阐明自身志向的章句；他的创作并不是为了博得众人的喝彩或同情，而是为了见证自己的生命经历。

屈原推敲了几个字词，觉得不甚妥帖，决定修改，但门外却有一阵狂乱的脚步声传来，让他停住手上的动作。

砰的一声，木门被粗暴地推开，家臣一个跟跄扑跌在地上，语带哽咽地说道："大人，大王方才遣人过来传达他的命令，要您、要您三日之内，前往汉北！"

屈原一愣。汉北？那个位于汉水北岸，距离都城万分遥远的汉北？

雨势不知在何时加剧了，大雨从洞开的门扉处打进屋内，淋得家臣浑身湿透，也溽湿了屈原一向雅致整洁的衣袂。

---

① 我是古代帝王高阳氏的后裔，先父的字号是伯庸。太岁星运行到"寅"这个位置的那一年，我诞生在寅月的庚寅日。

"大人，这不等于是放逐吗？一去汉北那种荒僻之地，我们还有机会回到国都吗？"家臣抽抽噎噎地为自己尊敬的主人抱屈，"大人的忠心耿耿，国里没有人不知道，可是大王却把您的建言当作废话，反倒是对靳尚、上官大夫那种只会逢迎谄媚的小人言听计从——"家臣的话语句句出自肺腑，却像刀剑般狠狠砍向屈原，逼他正视自身的失败和理想的失落。

"够了。"屈原再也无法忍受，粗暴地打断对方，"这是大王的命令，我只有恭顺地服从。你可以开始整理行李了。"

"是，我立刻就去收拾……"家臣不敢多言，躬身退下。

家臣还说了点什么，但屈原已没有心情听了。他瞪着摆在案桌上的竹简，简上的一字一句仿佛烧红的烙铁般，灼痛了他的心：

岂余身之惮殃兮，恐皇舆之败绩！忽奔走以先后兮，及前王之踵武。荃不察余之中情兮，反信谗而齋怒。①

　　他的所作所为都是本着对大王的一片赤忱忠心，所思所想都是为了楚国的长治久安，为什么却招来今日放逐汉北的下场？他反省自身经历过的一切，所做过的决定，想知道究竟是哪个地方出了差错。

　　过往的光阴在他脑海倏忽而过，他忆起丹阳的家人，以及那充满光明与希望的少年时代。

---

① 我并不担心自身遭到灾祸，只是害怕国家毁败灭亡！我匆忙地奔走在大王的前后左右，想辅助您追赶上先王的英明武勇，您却不了解我的心情，反而听信谗言，对我大发雷霆。

1. 蓄势待发的少年时代

初曙，天空镶满了橙黄色的云朵，光灿灿的，无比喜庆。朝阳在山巅露出脸，金色的光辉沿着山壁而下，流入坐落于山脚的屈宅，从微微敞开的窗户溜进房中，照在小床里正睡得安稳的婴儿脸上。

"是个一脸聪慧模样的小男孩呢。"屈母轻柔地拨开垂落在婴儿额上的黑发，又帮他盖妥被子。"瞧瞧这鼻子、小嘴、双眉，长大后一定挺斯文英俊的吧。"

屈母向屈父问道："夫君想好要给这孩子取什么名字了吗？"

屈父听了妻子的问话，就将注意力转到婴儿身上："额头长得挺好的，应该会是个聪明的孩子……就这样吧，将他命名为'平'，字'原'，希望他将来能成为一个忠诚、正直、善良的人。"

"屈平、屈原……嗯，的确是个好名。不过，这孩子的生辰也太奇特，我担心他日后会受到许多苦楚。"屈母低头看向不知何时已经睡醒，正睁着一对乌黑大眼望着她的小小婴孩，"我的期望不高，只要他能平安长大，我就心满意足了。"

屈母的愿望是如此微小，让屈父忆起那日举行祭典时，巫女所下的预言：寅年寅月寅日①生，这孩子注定是怀才不遇、天涯飘零的命运。

屈父浑身一颤，不敢多想，展开双臂将妻子搂进怀里。"放心吧，有列祖列宗在天上照看着，平儿还能出什么岔子呢？"

他说这句话不单是为了安抚妻子，更是为了安抚自己。

　　　　　※　　　　　※　　　　　※

世世代代居住在丹阳②的屈氏一族，是一个与楚国王

---

① 关于屈原的出生年代，后世学者根据《离骚》中的"摄提贞于孟陬兮"，再配合战国时代所使用的"岁星纪年法"，推测屈原大约诞生在公元前 340 年。

② 丹阳：关于屈原的故乡，目前最通行的说法是屈原出生在湖北省秭归县，秭归县内亦保存着许多屈原相关文物遗址。另有学者考证，他的出生地应是在楚国首都"郢"，也就是湖北省江陵县西北的纪南城。在这里采用"丹阳"这个说法。

室有亲戚关系的古老氏族。他们曾经显赫，出过好几任莫敖，为楚国立下无数汗马功劳。然而这些光荣在岁月的淘洗下，终究要过去，到了屈原的父亲这一代时，所剩下的也不过是足够屈氏子子孙孙衣食所需的小小食邑，以及一屋子珍贵的文献典籍。

深厚的家族根底造就了屈父，使他不但拥有渊博的学识，对于贵族该具备的骑马、驾车、射箭等技能，他也非常熟练。对于自己的独生子，他不辞辛劳地亲自督导，生怕自己一个疏忽，平白糟蹋了儿子美好的资质。

屈原也没让父亲失望。

他勤读义献史料，家里数百年累积下来的典籍早已滚瓜烂熟，写起文章来，文思也颇为曼妙。他很早就能掌握言语进退的艺术，无论是学养深厚的耆老或是天真烂漫的孩童，他都能应对自如。对于武艺，他虽然称不上专精，但一般的驾车、打猎也还难不倒他。虽然不会谱写乐曲，但只要是听过的音乐，他大都不会忘记。

除了超凡的学识与才能，就如屈母所预见的那样，屈原五官端正，皮肤白皙，四肢修长，举手投足优雅如画，见过他的人都会留下深刻的印象。

总之，虽然此时的屈原还是少年，但是乡人一提起他总要忍不住竖起拇指大声称赞，认为这样一个才貌兼备的少年，日后绝对不是简单的人物，必定会有一番奇伟的作为。屈原当然也知道人们对他的正面评价与高度期望，可是他并不会为此沾沾自喜、骄傲自大。

在学习的空当，他常常远离众人，跟姐姐手挽着手到山野中去，采集满怀的芍药、揭车与杜蘅，然后将它们栽种在园子里，希望来年能开满灿烂馥郁的香花。有时他会寻觅一处僻静的角落，与姐姐肩并着肩躺在木兰树下，嗅着木兰花清洌的芬芳，看阳光从树叶间的缝隙洒落，闲聊着近来读书的心得，对事理的重重疑惑，还有偶尔冒出来的奇想。

"姐姐，你可曾想过在宇宙形成之前，究竟是谁来记录描述将要发生的一切？又是谁让这个世界有光明与黑暗的分别？究竟有多少星辰，又是谁将它们一一陈列在天上？太阳每天从旸谷升起，在蒙汜落下，总共走了多少距离？江水都往东方奔流注入大海，为何大海却不会满出

来？诸神所居的神山——昆仑——究竟坐落在哪里？"在屈原眼中，这个世界充满了无穷尽的疑惑。

"阿弟，看不出你成天在书堆里钻来钻去，脑袋居然还能空出位置思索这些问题。"说到这里，她轻轻一声叹息："我也很想知道，为什么会有四季？为什么百花在春天盛开，在秋天凋零？为什么生命终有尽头，即便传说中的彭祖活到八百岁，最后还是逃不了死亡的命运？"

姐姐的感叹勾起屈原一个不愿多想的记忆。沉默片刻，他闷闷地开了口：

"我听父亲说了，今年将是他最后一次主持祭典，从明年春季大祭起，这祭神祈福的责任就要落到姐姐身上。"他顿了顿，努力摆脱弥漫在语气里的低迷情绪。所谓的"巫"，是凡人与神祇间的桥梁，巫转述上天的旨意，让人们服从，并将人们的愿望呈予天神知晓。"等姐姐正式继承屈氏大巫之位，大概就再也没有空闲陪我这个愚蠢迟钝的弟弟四处玩耍了。"

"你什么时候愚蠢迟钝啦？而且即便我穿上巫衣，终生服侍神明，我们也还是姐弟啊。"她笑着支起上身，把弟弟的鼻头轻轻一捏，"今年秋季大祭时，我要上场主祭，你会过来看吧？"

"嗯，我会的。"即便满心不舍，屈原还是用力地点头答应。

※　　　　　　　※　　　　　　　※

秋风起，结实累累的稻穗随风摇曳，远远望去好像一片黄金海；百果成熟，硕大的果实挂满枝头，沉甸甸的重量压弯了枝桠。

这是个难得的丰年，晒得黝黑的乡人们全都笑得合不拢嘴。他们手持镰刀，弯腰割下最为饱满的那一串稻穗，虔敬地放在兰草上，作为秋祭时献给诸神的祭品；妇女们挽起长袖，将刚刚摘下的桂花倒进酒里腌渍，准备酿成桂酒用以祭祀诸神。

如此忙乱了好些日子，祭神的良辰吉日终于到来。

夜晚降临之前，乡人们已在神社前的广场上搭起高高的祭坛；祭坛上铺垫着用瑶草编成的席子，周遭插满成串成把的香花。祭肉裹在蕙草里蒸熟了，并以新鲜的兰草作为盘子，杯盏盛满桂酒罗列在前，那桂花的香气浓得化不开。

祭坛下，巫子们敲打着鼓，弹奏着瑟，庄重地演唱迎神的乐曲；巫女们长发披垂，锦衣飘逸，踩踏着娱神的舞步。

火把熊熊燃烧，映得天边一片火红；星辰撒落在夜幕上，点缀成一条浩瀚银河。夜仍漫长，但乡人们肃穆地伫守在祭坛下，引颈期盼楚国地位最崇高的神祇——太一神的降临。

良久，当第一道曙光在东方天空亮起，第一缕晨风吹进丹阳时，太一神堂皇地登坐在祭坛高位上。一时间，钟鼓俱鸣，乐声更加盛大喧哗；彩袖齐扬，舞蹈越发热烈狂放。

尊贵的太一神啊，期盼您喜爱眼前所享用的一切。

这是在场所有人心中唯一的愿望。

屈原也跟随着父母跪坐在祭坛下方的席位上，恭迎太一神的到来。那浮动在晨风中的馥郁香气熏得他有些迷醉，悠扬的乐声分去他不少注意力，狂乱的巫舞更令他恍

惚失神，几乎要忘了自己身在何处。

可是他的双眼一瞬也不曾从姐姐身上移开。看她遵循礼制一步步完成主祭者的职责，秋祭在她的指挥下，进行得完美无瑕。温煦的阳光照耀在她身上，仿佛是太一神正赞许着她的调度允当。

姐姐的梦想实现了。屈原为此感到欣喜，一直存在脑海深处的一个模模糊糊的念头，也因这层领悟而清晰具体起来。

他的梦想是什么？有什么是他愿意付出全部心力，即便因此丧命也决不后悔的呢？

这问题在他心底不住回荡，逐渐变成无法违逆、无法逃避的江河巨浪。

于是在秋祭结束后，他避开人群，翻阅自己过去写成的文章，重读那一字一句针对国计民生的策略，以及一些他见闻的因官吏横暴贪婪、贵族骄奢无度，压迫得百姓痛苦不安的记录。

屈原深深明白，自己是因为幸运生长在贵族门第，才能免遭官吏与权贵的欺凌，但地方上的其他百姓可没这么好的运气，甚至听说有些地方的人民因不堪恶吏压榨，愤而揭竿起义，只是迅速被军队镇压下去。

倘若他决定站出来匡正这些不公理、不正义的事情，他势必不能一辈子守在丹阳。他必须前往都城，谋求一官半职，然后脚踏实地地奋斗，一步步实现理想。

可是他的父母都已上了年纪，或许他们希望自己唯一的儿子留在身边，承欢膝下。倘若他们染上病痛，他却不在家乡，届时有谁能陪伴他们挨过病魔的折磨呢？

这层忧虑令屈原思绪烦乱，无意间瞥见了院子里的橘树。

在屈原小时候，有商人路过丹阳，满载的货物里夹杂着几株橘树苗。屈父喜欢这种长年青翠的果树，就跟商人买了一株，栽种在院子里。

屈原也喜爱橘树，不只因为它常绿不凋，结实累累，更因为它是一种离开江南就再也长不好的果树。它是如此热爱着这片大地，与之共存共荣；它的枝叶茂密，树干笔直挺立，以这样的绰约风姿回报孕育它的风土。

而他呢？他自己也是楚国人呐，难道他对家国的热爱还比不上一株橘树？

望着那一树苍翠，屈原猛地忆起自己小时候曾经立誓要效法橘树的坚贞不移，无论环境如何地摧逼，都要保持美好的德行。他必须为自己的国家着想，不管路途有多艰难崎岖，他总要去做点什么，改变点什么，成就点什么！

屈原的胸膛里仿佛有团火焰在燃烧，鼓舞他立刻采取行动，催促他赶紧起程出发。

对，就是这样！就是这样！

屈原振奋起精神，决定把自己的想法禀告父母，求取他们的赞同与支持。

于是，在他满二十岁那一年，屈父郑重地替他梳发戴冠①，正式宣告他已经成年，接着准备一笔资金，再派几个家臣跟随，让他离开家门，踏上征途。

郢都，我来了！

缓坡上，屈原跨着马，目光直指楚国都城所在的方向。他志气昂扬，蓄势待发，他的梦想就在不远的前方。

---

① 古时候男子未成年时束发但不戴帽，等到年满二十岁时，才由长辈为他梳发，戴上新帽。这一象征男子已经成年的仪式，称为"冠礼"。

他一声轻喝，一抖缰绳，骏马应声撒开四蹄冲下坡道，跃上通往都城的蜿蜒道路。

熏风迎面吹来，群鸟齐鸣相和，阳光像金子般铺在路上，仿佛昭告着，他的未来一片坦荡。

※　　　　　※　　　　　※

楚国的首都郢坐落在江汉平原上，自楚文王建城至今，已经有四百年的历史，而历代楚王所居的巍峨王城，就位于郢都的北侧。

作为一国的政治、经济与文化中心，郢都内到处可见宗室亲贵、高级官员的宏伟府第，街道上的商贾、学子、策士、百姓，摩肩接踵，川流不息，市场上罗列的各色异国物产，更是令人目不暇接。

屈原一点也没被郢都的无边繁华迷惑，一心想着要为国做事的他在稍作安顿后，即遵照父亲的嘱咐，前往拜会在楚王熊槐①宫廷里任职的屈氏高官，希望能通过他的引

---

① 熊槐：即楚怀王，在位时（前328年至前299年）正处于楚国国势由盛转衰的关键时期。由于他最后被秦王扣押，病死在秦国，楚国人民万分怀念这位国君，所以给他"怀"这个谥号。

荐，让自己在宫廷中谋个职位。

在这个时代，国君与人民间的距离还不是很遥远，再加上各国相互兼并，战争日益激烈，为了持续占有优势，所有的国君都在网罗人才，而卿士为求一展抱负，周游列国寻求重用的现象更是普遍，因此屈原很轻易地就获得晋见楚王的机会。

屈原永远都会记得那一天，就在宫廷的偏殿上，他初次见到楚国的王。

那时，他站在偏殿外的长廊上，瞪着廊外绿树无事可做，不禁思量起跟楚王有关的事情来。

熊槐，这位继承王位至今不过五年的楚国第一人究竟是个什么样的人物？他是风度翩翩、文士风范，还是虎背熊腰、顾盼自雄？他对当今局势的看法如何？他有问鼎中原、称霸天下的雄心壮志吗？对于楚国贫富不均、动荡不安的现状，他又抱持着什么样的想法与立场？……

屈原止住了思绪，以深呼吸控制住情绪，并在心底反复练习着应对言语，不允许这重要的会面有一丝一毫的差错。

终于有内侍带领他进到偏殿里。

"你就是屈原?"

"正是。"屈原抬起头看向君王,不禁一愣。

做梦也没想到,楚国的王居然是一名看起来比自己大不了几岁的青年。熊槐的五官端正,嘴角扬着一抹亲切和善的浅笑,看似温柔慈和的眼中隐隐闪动着凌厉的光。

不愧是在今年年初时当机立断,以迅雷不及掩耳的速度战胜魏国,一举夺得八座城池的少年英雄!

屈原心里一声喝彩,当下对在朝廷里任职一事,萌生了更多的期待。

"屈伯庸以学问渊博闻名丹阳,对他唯一的儿子,想必也是下足了功夫。虽然你也算是王室宗亲,但寡人总不能任用一个除了书本之外一无所知的人吧。"

知道熊槐是在出题考他,屈原潇洒一笑,态度从容地答道:"东方的齐国在任用邹忌进行改革后,国力增强,成为中原公认的最强国家。被魏国阻于西方的秦国则在商鞅变法后国力大盛,连连击败魏军,并派出策士张仪施展恐吓与利诱等手段,逼迫魏国向秦献出上郡十五个县以及河西重镇，使秦国从此控制黄河天险，得以东进中原。

"我国虽然地处南方，却拥有远大于其他国家的疆域，还有丰富的矿产和肥沃的土地。以此优异的先天条件，加上前代宣王与威王四十余年的努力，如今正迈入国势最为强盛的时期。

"夹在齐、秦、楚三大强国之间的其他中原国家为求生存，非常讲究结盟的策略 ①，有时几个小国联合起来对付一个大国，有时依附一个强国去攻打其他小国。我国倘若能善用这样的情势，少则雄踞江南，多则称霸天下。"

屈原的一番侃侃而谈，令熊槐听得连连点头说："看不出你对各国局势倒是清楚。"

屈原继续说道："然而我国有个隐忧，使得称霸天下成为不可能之事。"

熊槐眉毛一挑，顿时被勾起了兴趣："怎么说？"

---

① 战国时代在战争与外交上产生了"合纵"与"连横"两种策略。所谓的"合纵"，是指几个小国联合起来抵抗一个大国，以避免被大国兼并；所谓的"连横"，就是大国拉拢几个小国去攻击另外一些小国。游走各国为合纵或连横穿针引线的人，即是所谓的"纵横家"。

"在七十年前，卫国人吴起①就已经指出，我国给臣子的俸禄远高于他们在国事上的贡献，享有封地食邑却毫无建树的权贵子弟也太多了。七十年后的今天，这忧患不但没解除，反而有变本加厉的趋势。

"在朝廷里，他们为了自己的利益，排挤贤能的人；在地方上，他们对百姓课征繁重的赋税，使人民对大王多有误解，于是产生怨恨。这样的情形若是持续下去，将导致大王身边没有良臣辅佐，人民亦背弃朝廷。"

陈述完自己的想法，屈原忐忑不安地等待熊槐的回应。

"看来寡人幸运地得到了一名忠心诚恳的臣子呢。"熊槐一脸喜悦地离开席位走到屈原身前，俯身拉住屈原的双手，"从今天起，你就留在寡人身边吧。"

君王的礼遇教屈原受宠若惊，赶忙回礼："微臣遵命。"他想再多说几句感谢的话，但脑子里却突然一片空

---

① 吴起：战国时代卫国人，他大约在前390年时来到楚国，被楚悼王任命为令尹，主持变法。吴起的变法虽然让楚国迅速强盛了起来，但也招来许多贵族、大臣的反对。吴起死后，他所颁行的法令都被废除，变法宣告失败。

白，急得他不知该如何是好。

熊槐眼见他这副慌张的模样，更是笑开了怀："恭维的话就不用多说了，寡人留你是因为你的见识和直率，希望日后你能一直保持这样的作风，时时刻刻提醒寡人。"

天佑荆楚，熊槐是个自我警惕、礼贤下士的君王！看来楚国大治之期，应该是指日可待了。

君王的警醒与倚重令屈原万分感动，于是他双手抱拳，一揖到地："臣定不辜负大王所托。"

就这样，屈原进入了楚国宫廷，开始了主宰他一生悲喜的政治活动。

2. 危机四伏的左徒生涯

屈原以他渊博的学识、出色的文采、适切的应对、纯正的忠耿，成为楚王熊槐非常赏识与信赖的臣子，一手负责处理外交事务以及整顿楚国内政。

为了报答君王对自己的看重，在外交方面，屈原不遗余力地周旋在各国使节间，希望通过自己的努力，让楚国成为诸侯国里牵一发而动全身的角色，使其他诸侯国在策划任何盟约时，都不敢忽视楚国的立场。对于内政，屈原更是铆足全力：纠举仗势欺人的权贵子弟，撤换贪赃枉法的官员，提拔精明干练的廉吏，培养贤能恤民的人才。

屈原本就是个很有才干的人，再加上一股非把事情做到完美不可的劲头，在短短的几年之内就让楚国朝政焕然一新，官吏都能谨守法纪，不徇私舞弊，权贵也收敛了行事，不再胡作非为。

熊槐满意屈原的表现，一再提升他的官职，最后屈原年纪轻轻就出任左徒——楚国官僚体系中地位仅次于君王与令尹的位置。

　　屈原的少年得志引人侧目。一些努力了大半辈子却无法抵达仕途顶点的官员，表面上跟屈原谈笑风生、互为知己，暗地里嫉妒屈原的官运亨通、备受倚重。而更多忌惮屈原的铁面无私、毫不通融的贵胄勋臣，白天摆出一副奉公守法、安分守己的架势，夜里却聚在一起，瞪大眼睛，打起精神研究屈原的一言一行，想要找出他任何细微的缺失。

　　"从不知道有人做事竟然能这样利落仔细、面面俱到，不给任何人说他做得不好的机会呢。"看着屈原最近颁行全国的法令，前朝遗老、以军功封君的析君一声感叹。虽然自己跟屈原的立场是相反的，却也不能不佩服对方的本事。

　　"析君怎能长屈原志气、灭自己威风呢?"跟秦国关系良好的上官大夫盯着法令继续研究许久，仍找不出丝毫疏漏。

　　察觉有人在暗地里盯着自己，屈原做事更加小心防范，不给任何人可趁之机。如此过了半年，大致上风平浪静。

公元前318年，由于秦国对各国的威胁越来越大，魏、赵、韩、燕、楚、齐等六国终于在魏国宰相公孙衍的策划下，结成同盟（即为"合纵"），一齐讨伐秦国，并且因楚国在六国之中，国力最为强大，于是推派楚王熊槐为联军领袖。

可惜的是，六国联军的声势虽然盛极一时，但真正出兵与秦国作战的却只有饱受秦国侵略之苦的韩、赵、魏三个国家，其他三国则将军队驻扎在边境，一副隔岸观火的态势。在函谷关进行决战后，魏军由于受创严重，急着跟秦国讲和，其余五国见状也纷纷退兵，六国伐秦宣告失败。

秦国在顺利逼退六国联军后，开始另一波兼并土地的行动。秦王嬴驷①采用司马错的主张，挥军西南，连续灭

---

① 嬴驷：即秦惠王，他在位的二十七年（公元前337年至前311年）间，由于重用纵横家张仪，通过一连串成功的连横活动，达到"拔三川之地，西并巴蜀，北收上郡，南取汉中"的结果，不但大大扩展了秦国疆域，更重重挫败了韩、赵、魏、楚等国，为秦国日后统一六国奠定了良好的基础。

了蜀国、巴国，不但取得四川丰富的资源，更可直接由此顺长江而下，进攻楚国。

楚王熊槐亦体认到形势已经向着对自己不利的方向转变，即便秦、楚两国互为姻亲，数百年来关系一直深厚，但面对有建立霸业企图的秦王，他也只有毅然决然地放弃传统的亲秦政策，派左徒屈原出使齐国，讨论结盟的可能性。

而屈原亦不负所望，漂亮地打了场外交战，获得齐楚合盟的承诺，凯旋归来。

摆手遣退前来报讯的随从，上官大夫气愤不已地在大厅里踱来踱去："屈原果然好运气，竟让他说动了齐王，让齐楚合盟成为定局。"

析君正在跟因献了美人郑袖给楚王而正得宠的靳尚下棋，他听到上官大夫这般抱怨，随口回道："老夫早跟你说过，以屈原的才能，你想借着拱他出使齐国，让他因谈不拢结盟条件而丢脸出丑，一定是要期望落空的。"

上官大夫一声冷哼："听析君您这么说，似乎心里已有什么锦囊妙计？”

"其实不算妙计，只是一点分析。"析君好整以暇地说明，"你也不想想，屈原能有今天的地位，还不都是仗着背后有大王给他撑腰，所以我们只要……"他噤声不语，右手一挥，做出砍倒东西的姿势。

一旁的靳尚又补了句："纯白布匹上的脏污总是特别明显，洁身自好的人一旦有了过失，将会遭受比一般人更严厉的抨击，而屈原这人不就正以'洁身自好''忠耿正直'而备受大王肯定嘛。依照在下对大王及屈原的了解，要破坏他们彼此间的信任，只需……"他做个手势，要他们将耳朵凑过来。

半晌，上官大夫与析君听完靳尚的计划，不禁胜赞："好计，果然好计！"

※   ※   ※

一日，屈原手捧新拟好的法令草稿，穿过宫廷的长廊，打算去找几个意气相投的同僚，一起讨论这法令是否订得够周全，一旦颁行全国，希望百姓都能够遵行，权贵封君也都不会有异议。

"屈大人，听说大王派给你的新差事是修正法令。"在一个走廊转角处，上官大夫叫住了行色匆匆的屈原。

屈原看清来人，心里顿觉不妙。主张亲秦的上官大夫与主张亲齐的自己，从来就是相看两厌，今天他主动来跟自己攀谈，背后一定有诈。

上官大夫当然不知屈原心中的想法，他热络地走在屈原身边，笑得很谄媚："屈大人，下官实在好奇这法令修订的趋势……"他没把话说完，只是伸出手，斜眼暗示屈原。

屈原已经大概明白他的意思，他把法令草稿抱得更紧了。"上官大夫，下官手上有的也不过是针对此次法令修订的个人意见，还需要与其他同僚多讨论才能定案。"

上官大夫听了屈原的话，笑得更加谄媚，刻意拉长的语调仿佛另有所指："只要是在朝中待得久一点的人，谁不知道屈大人的意见主导一切，您的草稿其实就是定稿。"

"就算是下官主导——"屈原话还没说完，上官大夫突然抓住他怀里的草稿，使劲要抢！

不好！屈原心里大急，用力将草稿抽回；上官大夫比不上屈原的力气大，双手一松，竟然一屁股摔在泥地里。

"屈原你太过分了！东西不给就不给，为何动粗?！"颜面尽失的上官大夫挣扎爬起，狼狈地拍掉泥泞，边走边放话，"你给我记住，我会给你好看的!"

屈原摇摇头，没理会对方的威胁，径自往另一个方向离开，并心想以后要留意上官大夫，以免遭他的暗箭。

只是他做梦也没有想到，此刻的上官大夫正跪伏在庭园另一侧的熊槐面前，委屈万分地哭诉道：

"大王，您也亲耳听见屈原背着您时是多么嚣张了吧。屈原老在众多大臣面前，炫耀大王把多少大事交代给他办理，更常傲慢地说'这些事换了别人来做，绝对不可能做好'，如今更是自以为主导一切政令，可以左右朝政走向，完全不把大王您放在眼里……"

而这，便是屈原一生际遇急转直下的开始。

※　　　　　※　　　　　※

从此，熊槐就疏远了屈原，搁置屈原颁布过的法令，

而屈原主政时期，楚国一度有过的政治清明、法度严谨，也迅速成了只供缅怀的记忆。熊槐更以迅雷不及掩耳的速度撤换了屈原的左徒之位，让他改任三闾大夫，负责督导楚国屈氏、景氏、昭氏等三大贵族子弟的课业与品行。

熊槐之所以这么做，理由非常简单。通过靳尚、上官大夫的转述，他很不愉快地得知屈原以其贤能恤民，在楚国百姓间享有极高的声望，而他这个赋予屈原权力、使屈原得以挥洒自如的人，却完全被世人遗忘忽略。这次上官大夫与屈原争夺法令草稿，让他觉得屈原个性中有专制独断的一面。

屈原所散发的耀目光芒已经遮蔽了自己的事实，让熊槐心里非常不是滋味，深深懊悔先前过分信赖屈原，给予屈原过多的权力，于是他现在急着收回这些权力。

疏远屈原，转而亲近靳尚、上官大夫这一帮人后，熊槐的日子过得十分安心舒适。他们在政事上没有太多的想法，不会威胁帝王的威信，他们的言语永远婉转动听，让帝王每天都有好心情。

午夜梦回之际，熊槐偶尔会听见屈原在自己耳边唠

叨，说他这边那边做得不好，需要改进，谁谁谁会是个良吏，必须任命。他都置之不理。

对屈原来说，楚王熊槐突然疏远自己一事，简直就是天地崩毁的巨变。他无法得知这中间究竟出了什么差错，竟使熊槐愤而切断与自己的关系。

震惊与迷惑之余，屈原忆起前阵子做过的一个梦，于是去找占梦者解释。

在缭绕的香烟中，他缓缓诉说梦境：“我尝试登天，却在半途失去了渡船。”

神祇通过占梦者降下口谕：“你的目标虽明确坚定，却没有从旁辅佐的人。”

屈原闻此言，更进一步问：“既然如此，我是不是注定一辈子承受危难孤独，走在跟别人不同的道路上？”

神祇没有正面回答他的问题，只是这样说道：“你的心里早有答案，为何还要求神问卜？国君的心意变幻莫测，你怎能在他身上押下所有赌注？为了楚国，你竭尽所能而不曾考虑是否对自己有利；为了国君，即便是逆耳忠言你也从不畏惧说出口。你执行政令是如此严格迅速，在不了解你的人的眼中看来，就好像是目中无人、独断独行；你的志向是如此纯粹单一，反倒凸显那些小人的曲意逢迎、投机取巧、自私自利。当他们开始在国君耳边搬弄是非、说长道短，任你有一百张嘴也是分说不清。"

神祇严厉的话语中饱含着关爱与同情，稍稍抚慰了屈原内心的委屈。

"那么未来我该怎么做？"

神祇幽幽地叹了口气说："你记得晋国的太子申生吧，人人都知道他是个孝子，他的父亲却听信谣言，最后逼死了申生；鲧当年治水时，固执己见不肯接受他人意见，最后功败垂成。你的遭遇跟他们或有雷同之处，可得好好地想一想。"

于是屈原离开祠庙，回到官舍，漫步在庭院中，思索着今后该当如何。

他从来就知道，自己为了国家，为了君王，一路勇往直前，结果就是结下不少仇家，更有许多人袖手旁观，等着他犯错，看他笑话。他唯一的后盾是君王的信任，一旦失去这个后盾，张牙舞爪扑向自己的就只会是讥讽与辱骂。

果不其然，当他遭受贬谪，转任三闾大夫这个名望虽高却无任何实权可言的职位后，过去自己大力栽培提拔的官员顿时作鸟兽散，纷纷拜入其他更有力的人的门下，曾经车水马龙的大门前再也没有卿士等着拜会，偶尔找上来的全是小人，他们因为深谙逢迎谄媚之道，如今备受君王宠幸，看屈原失势，就专程过来耀武扬威一番。

饱受攻讦与毁谤的屈原曾想当面跟国君表白心意，解释冤屈，结果被一干佞幸阻挡在殿门外，偶然一次得见君王，却被对方厌烦气恼的三言两语打击了所有信心。

熊槐不是一位贤明的君主吗？怎会如此轻易地相信别人的挑拨离间，却不给他一个辩解的机会？这些年来他以为君王对自己的信任坚若磐石，怎知如今信任就成了过眼云烟？他从来就是言行一致、表里如一，君王为什么不能从中省察他的真心，反倒根据那些流言诋毁来裁定他的罪状？

满腔的怨气与委屈找不着出口，屈原不禁放声高歌：

"只因不喜欢逢迎拍马，竟就招致忧伤苦痛，如今我要发泄这满腔的怨恨。我所说的每句话都是出自肺腑，可以请上苍五帝来做个见证。我竭尽所能忠诚地侍奉国君，反而遭到小人的攻击；我先报效国君再考虑自己，结果却招来众人的仇视——"屈原的喉头突然一阵哽咽，再也唱不下去了。

前些日子，姐姐听说他被贬谪的消息，专程从丹阳赶来郢都，问他到底犯了什么过错。听完他的述说，她又是心疼又是气恼：

"你的学识丰富，个性忠诚正直，为什么偏偏得跟那些一无操守、二无德行的人在朝廷里共事？现在被冤枉了，遭污蔑了，受委屈了，我们既不可能挨家挨户去辩解，又有谁会知晓你所作所为的本意？这世界上，人人都相互抬举、成群结党，为什么只有你是孤零零的一个人，必须独自承担所有痛苦与失落？"

姐姐的责备一针见血。他清楚在这个时节，选择退让、选择沉默只会坐实自己的罪名，但若是不甘寂寞，跑出去大声陈述冤屈，又会有谁将他的申诉听进耳里？

痛苦的屈原只能问自己：今后该怎么办呢？

局势是如此险恶，上藏弓箭，下设罗网，想躲避都找不到藏身之地。如果选择蛰伏潜藏等待时机，他害怕有更大的灾殃落到自己身上；如果选择远走高飞到其他地方，他又担心国君会问起自己的去处；如果选择改变心性去学那些小人胡作非为、不顾道义，却又对不起自己的良心……

　　迷惘的屈原困坐长廊下，直到送走天边最后一丝霞光。

3. 欲语不得的大夫岁月

公元前314年，秦国击溃魏军，取得曲沃。次年，秦国大败韩军于岸门，斩首数万，韩国被迫将太子送往秦国当人质求取和平。又次年，秦国大胜赵军，取得蔺，魏国亦因兵困马疲，无力再战，在这一年向秦国俯首称臣。至此，能够阻挡秦国统一天下的，只剩下东方的齐与南方的楚。

于是在公元前313年，秦国将侵略的矛头，指向了南方。

秦国，橐泉宫。

秦王嬴驷坐在席位上，满脸意气风发："如今魏、韩、赵三国先后臣服我国，又已去除义渠、巴、蜀等心腹大患，看来该是挟此威势横扫齐、楚的时候了。"

张仪把握时机，上前奏道："大王，此刻楚国大将军景翠正率领军队，驻守在国境边缘，又有三大夫率上、中、下共九军包围曲沃与于中，如今两方对峙，战事一触即发，局势甚为凶险。这次楚国胆敢精锐尽出，与我国正面决战，完全是仰赖背后有齐国的全力支持，我国若想赢得胜利，首先得破坏齐楚盟约。"

嬴驷颔首："听你这么说，想来是心中已经有了瓦解齐楚盟约的计谋?"

"不只如此，还是个可以助我秦国夺取楚国汉中的一石二鸟之计。"张仪的笑容充满自信，"大王，请派臣出使楚国，臣定能不辱使命。"

　　　　　※　　　　　　　※　　　　　　　※

张仪携带大笔财宝，来到楚国，求见楚王熊槐。

有敌自远方来，楚国大殿上自然朝臣林立，严阵以待，就连许久无涉政事的三闾大夫屈原也侧身在角落里，等着聆听敌方使者要传达的消息。

只见张仪站在大殿中心，恭敬地朝熊槐作个揖："大王，您的少年武勇、英明果敢早已经闻名天下，今日小臣亲眼见到大王，才知传言所描述的竟然不到您风采神威的十分之一。"

熊槐不为所动，怒声说道："废话少说！虽然两国交战，不斩来使，但你若不赶紧说明来意，休怪寡人一怒之下，将你驱逐出境。"

张仪没有丝毫恐惧，态度依旧从容有礼："敝国国君一直挂记着秦楚数百年累积下来的深厚情谊，万分不愿让曾经情同兄弟的两个国家就此决裂，大动干戈，因此特别派遣小臣前来跟大王解释秦国的立场与请求。"

熊槐冷哼一声，不屑地反问："他还有什么好解释的？先是灭巴、蜀，然后是占领数百年来为我楚国领土的商於之地，现在更屯兵在曲沃、蓝田、南郑，觊觎我汉中国土——张仪啊张仪，不是我熊槐无情，而是你秦王先对我楚国无义！"

张仪上前一步，急急澄清："大王此言差矣！我王攻灭巴、蜀，是因这两个国家长久以来一直滋扰我国边境；占领商於，是因为该地就在楚秦两国的边界，我国大军一个不小心就越了国境——"

这是什么歪理！熊槐当场被张仪气得脸红脖子粗，眼看就要将张仪轰出殿外，张仪却在这时抛出一句话："但是小臣有办法让商於之地再度归于楚国！"

"咦？"此言一出，众人皆惊。

熊槐也有了兴趣："你的办法是什么，说来听听。"

张仪一拱手，十分诚恳地说道："敝国国君生平最景仰的是您，最痛恨的是齐王，长久以来一直想讨伐齐国，只是顾虑着楚、齐交好，不便出兵。因此，只要您能跟齐王绝交，让敝国国君得以伐齐，小臣就能说服他献出商於之地。"

熊槐听了这话，有些心动。

张仪眼见机不可失，越发加紧力气，继续鼓动他的三寸不烂之舌："商於之地共计六百里，不但物产丰饶，而且战略位置重要，历来是兵家必争之地。倘若您与齐王绝交，不费一兵一卒就从敝国国君手上取回商於之地，则楚国的实力必然增强，这是第一个好处；楚齐绝交，齐国被孤立后国力必然削弱，于是楚国就有号令齐国的能力，这是第二个好处；您帮助敝国国君完成讨伐齐国的心愿，敝国国君自然欠您一份恩情，楚秦两国就可以借着这个机会重修旧好，这是第三个好处。"

"有理！有理！"熊槐大喜，似乎当场就要答应张仪，殿上其他臣子也多是一脸喜不自胜的样子，好像已经将商於之地握在手里。

屈原却心中大感不好。

秦王野心勃勃，怎可能把嘴里的肥肉吐出？张仪这人向来舌灿莲花，今天这样把楚国的利益挂在嘴上，分明是另有图谋。

屈原越想就越觉得张仪可疑，急忙思考该怎样劝阻，才能让熊槐回心转意，不过却有人先站了出来戳穿张仪的说法。

那个人是陈轸，他曾经在秦国做官，了解秦王的心理，所以一听就听出了张仪说词中的破绽。

"大王，秦王之所以敬重您，是因为您与齐王的交情正好，盟约正坚固。倘若您在取得商於之地前就先宣布与齐国绝交，则是楚国孤立了自己，秦国又何必敬重孤立无援的楚国？更何况这交易口说无凭，八成只是张

仪诬骗我国、谋取利益的伎俩。微臣敢断言，如果您宣布要先得地，再绝交，秦王眼见计策落空，一定会回绝您的要求；如果您先绝交，再要求地，就一定会被张仪欺骗。您被张仪欺骗后定是非常愤怒，说不定立刻就跟秦国闹翻，但您又已经与齐国绝交，背弃盟约，惹怒齐王，如此东叛齐、西绝秦，结果将招来齐、秦两国的大军压境。"

没错，没错，就是这样。屈原听得连连点头，暗自称赞陈轸的分析精准，心想熊槐应该会把张仪轰出国门，不料——

"不用多说了，寡人想堂堂一国之君，应该不至于出尔反尔。"熊槐站起身来，大声宣布他的决定："张仪，寡人与你就此一言为定！寡人立刻派遣使者前往齐国，传达楚、齐绝交的意思，而你就负责让秦王归还商於的六百里地！"

屈原浑身一颤，心中瞬间闪过了不祥的预感。

※　　　　　※　　　　　※

楚国宣布与齐国绝交后，楚王熊槐喜滋滋地派人去秦国找张仪履行承诺。没想到张仪先是推托自己生病，不方便接见来客，后来见楚齐绝交已成定局，干脆翻脸不认账，说：

"小臣哪来通天本领，跟大王讨到商於六百里地给楚王？如果说是'六里'，那小臣倒还有办法可想。"

熊槐接到这个回复后，勃然大怒，立刻要兴兵讨伐秦国。

陈轸赶忙上奏，希望熊槐从长计议。"以楚国一己之力讨伐秦国，恐怕落得两败俱伤的下场。既然已经跟齐国绝交了，大王不如将错就错，另外找其他国家结盟一起讨伐齐国，夺取齐国土地来弥补被秦国占领的商於之地，这样一来一往，楚国还不至于两头落空。然而大王今天的做法却是相反！都已经跟齐国宣布绝交了，却又去责备秦国的失信，这岂不是两头得罪，变相加强秦、齐两国的邦交吗？如此一来，楚国将会遭到极大的灾患。"

然而熊槐不听，一意孤行。

公元前 312 年，秦、楚开战。

楚国兵分二路，由屈匄率军进攻商於之地，又有景翠领兵围攻韩国的雍氏，被楚国片面撕毁盟约的齐国也以大局为重，联合宋国的军队，一起围攻魏国的煮枣。

然而秦国对此早有准备，分三路出兵加以反击楚军：由樗里疾率军进入韩国，对景翠施行反包围，派魏章到商於之地迎战屈匄，最后由甘茂进攻楚国的汉中。

战事一旦展开，几乎就呈现一面倒的局势。

魏章首先在丹阳大败楚军，斩首八万，俘虏屈匄及其他楚国将领七十多人，然后魏章的军队与甘茂会合，攻下楚国汉中六百里地。樗里疾战胜景翠后，继续东进，帮助魏国打败齐宋联军。

熊槐眼见汉中失守，赶紧调动全国军队进行反攻，一度深入秦国，在蓝田一地展开决战。结果楚军再度战败，韩、魏亦趁机南下攻楚，楚军腹背受敌，最后只得狼狈撤退。

总之，由于张仪的计策，秦国顺利取得汉中一地，将关中、巴、蜀纳入统治范围，摆脱楚国对秦国本土的威胁，并且占领函谷关及武关以东的所有重要据点，从此进可攻、退可守，再也无人能阻挡其声势。反观楚国，不但在丹阳、蓝田二战惨败，高阶军事将领战死七十多人，还失去了立国之初就已拥有的汉中之地，其国力也从此由盛转衰。

※   ※   ※

屈原还来不及消化故乡丹阳被秦楚二国军队辟成战场、家人在战火中下落不明的消息，就被熊槐十万火急地召进了宫里。

仰望三年未见的君王，屈原内心翻腾，难以自已。这几年楚国战事连番受挫，国土一寸接着一寸被侵夺，诸多不顺心的事情交相催逼，竟把正当壮年的熊槐折磨得憔悴不堪。

"你可知寡人这次召你前来，究竟是为了何事？"熊槐的语气有点冷淡和疲惫，让屈原迅速镇定了下来。

"微臣猜想，大王该是要微臣再度出使齐国，缔结盟约。"

"果然还是你最明白寡人的心意。"熊槐叹了口气，不禁在这个曾经最信赖的臣子面前，吐露心声，"汉中陷落，丹阳、蓝田两战失利，将领、士兵死伤惨重，寡人后悔当初听信张仪的话，以致让楚国遭到这样的厄运。"

"大王……"屈原一阵嗳嗫，不知该如何宽慰排解君王的悔恨哀伤。

"你什么都别说了，这些死伤损害都是寡人一念之差所导致，寡人再难过悲伤也只是咎由自取。"熊槐沉默半晌，终于打起精神，严肃地命令屈原，"此次出使，你只准成功，不准失败，寡人在这里盼望你带好消息归来。"

"微臣遵命。"屈原一揖告别了君王，立刻整装启程，前往齐国。

他知道此番使齐缔结盟约，难度远大于上回，毕竟楚国国力已经不如当年，再加上是楚王首先违约背信……然而就算是比这更困难一百倍的任务，为了楚国，他没有失败的余地。

秦王嬴驷得知楚国再度倒向齐国后，赶忙找张仪过来商议该怎样走下一步棋。

"寡人本想将新占领的汉中地还一半给楚国，改善

秦楚二国间的恶劣关系，怎料楚王宁可不要地，却要你的命。"

张仪想都不想，直说："那就应楚王要求，让微臣到楚国去吧。"

嬴驷不放心地连连摇头，"楚王的火气正猛，你去了楚国，怎还有命回来？"

张仪笑着回答："微臣自有保命之计。"

张仪一到楚国就被楚王关进牢里，准备挑个黄道吉日将他处死，以奠祭楚国死难的军民。

暗中收了张仪不少好处的靳尚于是悄悄进宫，与楚王的宠姬郑袖会面。

"夫人，您可知道您即将失去大王的宠幸？"

郑袖一惊，急急追问原因。

靳尚满脸忧心地答道："张仪是秦王相当重视的臣子，今天大王把张仪逮捕下狱，秦王肯定是要想法子救他的。我已听说秦王为了救张仪，决定将他年轻而美丽的女儿嫁给大王，同时还准备了不少陪嫁的宫女、财宝，以及上庸六县的收益。大王怎么可能抗拒得了这位美貌的秦国公主，而这公主又怎么可能不利用自己的家世背景，登上王后的宝座？到了那个时候，大王可还会记得身边曾经有个爱他的郑袖夫人？"

郑袖听了，又紧张又慌乱，脸色发白："那可该怎么办呢？"

靳尚说："您为什么不赶紧去建议大王放了张仪？张仪一旦获得释放，心中一定对您感激不尽，那秦国公主不用嫁给大王，秦国也必然因此敬重您。您已在国内享有崇高的地位，如果能跟秦国建立良好关系，再加上张仪的助力，您的孩子必定能成为楚国太子，这岂不是天大的利益？"

"的确如此。"郑袖连连点头，"我立刻去说服大王放了张仪。"

话音刚落，她就匆匆起身，前去找熊槐。结果不用几天的工夫，张仪就被释放了。

几经周折，终于达成使命的屈原，此刻正在返回楚国的路上。他听说张仪被释放的消息后，立即快马加鞭，赶回楚国进谏熊槐：必杀张仪！

熊槐也对自己的决定后悔不已，急忙派人去追赶张仪，可惜已经来不及了。

公元前 311 年的秋天，秦王嬴驷去世，太子嬴荡[1]即位，与嬴荡关系不睦的张仪被迫离开秦国另寻发展。一年后，张仪死于魏国。

随着嬴驷的死、张仪的离去以及嬴荡侵略目标的转移，秦国与楚国相互对峙的紧张局势，暂时进入一个较缓和的阶段。

※　　　　　※　　　　　※

公元前 307 年，秦王嬴荡怀抱着取代周王室的意图，驱车直入东周，在其首都洛阳与大力士孟说比赛看谁力气大，能够举起象征天下王权的"龙文赤鼎"，结果嬴荡竟因此折断筋骨而死。

---

① 嬴荡：即秦武王，在位时间仅有短短的四年（公元前 310 年至前 307 年）。秦武王早有夺取天下王权的野心，于是在即位之初，就派遣甘茂及向寿攻取韩国的宜阳。宜阳的陷落，标示着秦国势力已深入中原，对中原诸国（包括楚国）的威胁将更为严重，可惜楚国当时只着眼于眼前的利益，放任宜阳沦入秦国之手，而在日后尝到恶果。

即位为秦王的嬴稷①此时年龄还很幼小，国家大事都操纵在母亲宣太后以及舅舅魏冉的手里。宣太后是楚国贵族出身，对祖国自有一份感情，于是再度采取亲楚联楚的政策，主导秦楚两国联姻。

"大王，微臣听说您将迎娶秦国公主？"随着楚国政策转向联齐制秦，屈原再度获得楚王熊槐的重用，于是他在听说君王将与秦国联姻之时，亲自上门确定。

熊槐的回答简单扼要："这件事已成定局，你就不用发表意见了。"

这话顿时激怒了屈原："大王，您还记得丹阳、蓝田两场战役的仇恨吗？您可还记得死在秦军手下的楚国百姓、士兵、将领？您可还记得那时您有多懊悔因自己的一念之差，接受秦国利诱，结果不但拿不回商於之地，连原

---

① 嬴稷：即秦昭王，在位时间长达五十六年（公元前306年至前251年）。嬴稷刚即位时，有同父异母的兄弟与他争夺王位（史称"季君之乱"），母亲宣太后与舅舅魏冉花了三年工夫才平定乱局。之后，嬴稷以秦国雄厚的武力为后盾，并采用范雎"远交近攻"的策略，逐步击败无法团结抗秦的韩、魏、齐、楚、赵等诸侯国，持续扩充领土，削弱敌国势力。直到嬴稷去世之前，秦国统一天下的局面已经是不可逆转的了。

属我国的汉中地也被秦国夺走？微臣当年费了多少心血才让齐国不计前嫌，愿意再度与我国结盟，怎么您竟不把盟约当回事，说毁约就毁约！"

"大胆！谁允许你这样跟本王说话！"熊槐大怒，出手掀翻了几案，"这是本王的决定，哪由得你来议论？！"

屈原被吓了一跳，但立刻镇定心神，背脊一挺，追问道："大王不是才答应了齐王，要与齐、魏、韩三国一起出兵攻秦，收复汉中、巴、蜀，现在您又应允了宣太后的联姻要求，请问您先前承诺予齐王的究竟还算不算数？您这样的行为跟违约背信有什么两样？您不担心因此招来别的国家围剿吗？"

熊槐不禁恼羞成怒，大声斥责："如今我国的军力尚未恢复，而秦国的实力正当强盛，本王若不通过宣太后主政的机会，改善与秦国的关系，难不成要去硬碰硬，白白断送楚国国祚？"

屈原闻言，觉得熊槐真是太天真了："大王，秦楚二国数百年的姻亲关系都不能阻止前代秦王夺取我国的巴、蜀、汉中了，您以为凭您这次的联姻又能起多大的作用？

现在是宣太后主政，宣太后亲楚，于是秦楚关系改善，但秦王本人的意思呢？秦国政权终究是要交还到秦王手上的！"

熊槐被屈原这番情理兼具的分析堵得哑口无言，整张脸涨得通红。

屈原喘口气，继续说道："现在宣太后想与我国联姻，其实是因为她好不容易平定了秦国前几年的内乱，于是想借着联姻稳住我国，争取时间重整军力，等到时机成熟，秦国会再度转回他的老路子，而我国亦将首当其冲。大王，请您三思而后行啊。"

熊槐没有反应，只是一径儿沉默着。

正当屈原以为君王已听取了自己的意见，正在重新考量联姻一事时，熊槐突然一声暴喝：

"滚出去！本王不想再看到你！"

熊槐的愤怒是如此吓人，万分惊恐的屈原赶紧离开了，等他回过神来，才发现自己已在郢都的大街上不知站了多久了。

他魂不守舍地远眺天空，只见西天尽头一轮火红夕

阳，转瞬就要沉没于地平线。

"天晚了……"屈原喃喃自语，心底清楚该是打道回府的时刻，两只脚却定在原地，半步也不肯往前走。

是啊，还回官舍做什么？既然熊槐已经完全否定了自己的意见和想法，继续守着那个官位也没什么意思。这次的顶撞已逾越君臣之界，更超过君王对臣子所能容忍的限度，或许他能请人代替自己跟熊槐解释一切，却又不知这个人要上哪里去找。

屈原摇摇头，要往反方向走，刚迈出一步，就又停住了脚步。

偌大郢都，他竟不知自己除了官舍，还有什么地方可去。想奔回故乡躲进双亲怀里寻求安慰的冲动来得猛烈，更让他不禁湿润了眼眶。

丹阳……已经是秦国的土地，再也回不去了，这么久没有家人的消息，只怕他们早已魂断战火之中……

周遭人们熙熙攘攘，似乎都很知道自己的目标在哪里，一步一步毫不犹豫地往目的地迈进，反衬得呆立路中的屈原更加孤单凄凉。

他该往哪里去呢？普天之下，还有什么地方容得下他屈原呢？

嘎！嘎！嘎——

嘶哑的鸣叫声打断了屈原的冥想。他的视线无意识地看向声音来处，看见无数的归巢雀鸟拍动着双翅横过天际，扑进街道尽头一幢低矮房舍的园子里。

"那是……'灵氛'① 的住所。"

仿佛被不知名的力量所驱使，屈原一步一步往那房舍前去。

灵氛把弄蓍茅与竹枝良久后，说了占卜的结果："你应该离开这里，到外地寻找能够重用你的人。天下何处无芳草，你又何必惦念着祖国而束缚了自己？"

屈原心里一阵悸动，很想听从灵氛的占卜，却又犹豫不决，畏缩着不敢遵从。

于是灵氛召来古代神巫的魂魄，请他决断屈原未来该当如何。

---

① "灵氛"是古代的占卜师。

神巫说："你应该到别的地方去寻找志同道合的伙伴，一个内心真诚、自我要求极高的人，怎会没有发展的地方？卫国人宁戚在齐国牧牛维生时，齐桓公听见他唱的歌，知道他是个贤能的人，于是任用他当辅佐；姜尚落魄到在朝歌当屠夫时，周文王一眼就看出他的才能，举荐他担任太师。你要像他们一样，趁着自己还年轻、还有施展才华的时光，到能够自我发挥的地方，努力实现理想。要记得，岁月的流逝飞快，没有任何人能挽留，千万不要到了年纪老大之时，才来后悔虚度了光阴。"

屈原点点头。

当天晚上，他做了一个梦。他梦见自己折下琼枝作食物，捣碎了美玉作干粮。在一个风和日丽的早晨，他登上玉饰座车，驾起飞龙，舍弃了那个跟自己理想不同的人，起程前往可以施展抱负的国度。

旅程途中，他调转方向，前往仙山昆仑；玉车旁，云霓旗帜高举，遮蔽了刺眼的阳光，玉制鸾铃悬吊在车上，迎风摇曳，叮当作响。高空中还有凤凰展开双翼，围绕着旗帜，款款翱翔。

走着走着，走到极西之地的赤水流沙畔。他指挥蛟龙搭起桥梁，命令西方的神祇将他渡过河去。经过不周山，左转向西海，他召集了成千上万的车马同行，要所有的车马跟随他，转往同一个方向。

如此逍遥，如此无拘无束！有八条神龙为自己拉车，背后是旗帜迎风招展。他在云端上奏起了《九歌》，舞起了《九韶》，要尽情享受这美好的时光。

忽然，他低头瞥见层云下的楚都郢城。

一时间，跟随的家臣悲痛得哭湿了衣襟，马儿低声嘶鸣着不愿继续前进，而他也遏制不住满怀的哀伤……

屈原醒来，发觉自己泪湿两颊。

几天之后，屈原接获熊槐的命令，被放逐至汉北。

※　　　　　※　　　　　　※

有鸟自南兮，来集汉北。

夜色苍茫，屈原独立高岗上，遥望纪山；纪山后，是他朝思暮想的楚国都城。

放逐汉北已经六七个寒暑了，他日夜等待楚王熊槐召他回返郢都，结果总是失望。他的君王，恐怕早已不记得还有个臣子执着地守在汉北了。

仰望长空，夜幕上星辰罗列，指示着都城所在的方向。屈原忍不住要想，倘若他能生出双翅，或是让灵魂脱离肉体自在飞翔，他可以不顾道路的曲折险阻，在一夜之间回到郢都，得见君王。

然而得见君王又如何？熊槐喜怒无常、朝三暮四，不但不把自己的忠诚看在眼里，更不听自己的劝谏。他轻易听信小人的谗言，却不容自己有丝毫的辩解；他任性违背既定的承诺，却对守信的自己动辄发怒。虽然心里仍存在着亲近君王的念头，但层层恐惧已经禁锢了自己的行动……

长夜漫漫，愁思难当。屈原一声长叹，烦乱苦闷地步下山冈。

在屈原被放逐的七年中，战国局势格外的诡谲多变。

首先是公元前305年，楚国在秦国的重利贿赂下，背弃了与齐国签订的盟约，转而亲近秦国。之后，在秦国宣太后的主导下，秦王嬴稷迎娶楚国公主为妻，楚王熊槐亦娶了秦国公主，以婚姻巩固了两国的关系。

公元前304年，嬴稷举行冠礼，宣告成年，正式亲政后，约熊槐在黄棘会面，确认盟约，并将位于汉中的上庸归还楚国。在这个时候，秦楚二国的关系非常亲善。

公元前303年，秦国在拉拢稳定了楚国后，挥军攻向魏国，取得蒲阪、晋阳和封陵等位于秦、魏之间黄河上的重要渡口。紧接着秦国又发兵韩国，攻取武遂，占领了韩国贯通南北的重要通道。

秦国步步逼近，韩国、魏国只有倒向齐国才有生存的机会，而齐、魏、韩三国结盟后的第一件事，就是讨伐撕毁盟约、投靠秦国的楚国。

面对齐、魏、韩三国军队来势汹汹的进攻，楚国只好将太子熊横送往秦国当人质，求得秦国派兵来救。三国军队迫于秦国威势，暂时退去。

公元前302年，魏、韩二国再度投靠秦国，魏王与韩国太子更亲自朝见秦王，以无比周到的礼数宣示了对秦国的尊敬与服从。反观楚国方面，作为人质押在秦国的太子熊横则跟秦国的一名大夫起了冲突，最后熊横竟在私斗中杀死了对方，不得不连夜逃回楚国。由于熊横的私自潜逃，看似亲密其实脆弱无比的秦楚关系，正式宣告破裂。

公元前301年，齐国第二次策动魏国、韩国出兵，并合并秦国军力，一起攻击楚国，以报复楚国四年前的毁约背盟行为。

迎战史无前例的四国联军，楚国自然不敢有丝毫大意，先是派名将昭雎领军对付秦国，又命令大将唐眜率军对抗齐、魏、韩三国联军。在楚秦战线这边，由于昭雎治军有方、态度谨慎，秦国不敢正面相抗，最后并未发生激烈的战斗。但在另一边，齐、魏、韩三国联军围攻楚国方城，两方沿着沘水对阵了六个月，最后是齐国名将匡章探得有关沘水深浅的情报，趁夜渡河发动攻击，在沘水边的垂沙一地大败楚军，杀死楚国将领唐眜，趁机并吞了大块土地。次年，秦国再度伐楚，杀死楚国将领景缺，占领了战略地位极为重要的襄城。

除了一连串的对外战争失利，楚国国内政治腐败、社会黑暗的情形日渐严重，终于让人民忍无可忍。不堪被压迫剥削的百姓跟随军官庄蹻进行武装叛变，在全国各地展开了大规模的群众暴动，而楚国官吏竟然对此束手无策。庄蹻的军队所战皆捷，一度攻到楚国首都，几乎要让楚国四分五裂。

外有强敌，内有叛寇，楚国被这样的窘境逼得焦头烂额，最后只好将太子熊横送往齐国当人质，向齐国乞求和平。秦国为了争取齐国的支持，也将秦王嬴稷同母异父的弟弟——泾阳君——送到齐国当人质。

屈原当年的预言至此全部不幸成真，而被国君放逐汉北的他，也在这紧要关头被召回都城，担任使臣的任务。

4. 抑郁悲愤的晚年时光

齐国，首都临淄。

热闹喧嚣、拥挤不堪的首都大街上，硬是开出一条走道，七八辆车伴随着十数骑卫士，不快不慢地从围观人潮前经过。

"这是哪边的使节啊?"人们交头接耳，好奇地望着这队并不隆重盛大的车马。

"看那旗帜上的图样，应该是楚国吧。"

"哦，原来如此。看这阵仗，我本来还以为是哪个附庸小国来朝见我国国君，没想到竟是那个游走在秦、齐之间，自以为左右逢源、占尽便宜，结果被四国联军杀得丢盔弃甲的南方大国啊……"

"反观前几天抵达的秦国泾阳君，同样是来当人质，可是那个车马、随从、旗帜、仪仗，全都镶金嵌玉、簇新

华丽，怎么看怎么威风，不愧是傲视群雄的鼎盛强国。"

众人的讥讽与轻蔑，屈原一字不漏地听进耳里，不禁一阵心痛。

这是他第三次来到临淄，心境却跟前两次大不相同。

第一次出使齐国是在十七年前，那时六国合纵攻秦刚刚结束，他身为六国之中国力最强的楚国使臣，车马所过之处无不万民注目，众所礼遇，十分风光体面。随后与齐王讨论结盟事宜时，更是相谈甚欢。

第二次使齐是在十一年前，起因是楚国接连在丹阳、蓝田吃了败仗，痛定思痛的熊槐派他到齐国来修补齐楚两国的关系。虽然是有求于人，再加上楚国理亏在先，整个结盟过程中屈原着实吃了不少暗亏，还受了侮辱，然而屈原丝毫不以为意，亦不觉得委屈，只要想到自己的行动将使楚国再度联齐制秦，他的斗志就越发昂扬，精神越是抖擞奋发。

然而这一次使齐，无论是显露在外的出使目的，抑或隐藏在内的国家情势，全都处在最糟糕的情况下。前者是作为战败国向齐王求取和平，后者则是楚国不但在对外战争上连番遭到重大挫败，甚至连国内都陷入动荡不安的状态，以致堂堂楚国使节的车马竟然只是勉强凑出，仅能保住颜面，却丝毫谈不上南方大国所该有的体面与排场。

屈原为此感到无比耻辱与愤怒。十几年前，楚国还是一个疆域广大，土地肥沃，文化程度极高的国家，怎知经过十多年来的内政不修、外交失当，竟沦落到今日必须跟别国摇尾乞和的地步！

他愤怒！对那些不重视国家利益，只知满足个人私欲的权臣、亲贵与官吏。

他痛心！为那些在艰难环境中苦苦挣扎的百姓，那些在残酷战争中枉送生命的军民。

他不解，为什么楚王熊槐看不清这一切困境的症结，全都起自他重用了太多只会讨好他、奉承他的幸臣；他不解，为什么有人可以只管自己生活优渥舒适，丝毫不顾国家与百姓的死活；他更不解，为什么朝中一干大臣只知巴结秦国，求取暂时的安泰平静，蒙起眼睛不去正视秦国贪婪的本质。

然而事到如今，他再愤怒、痛心都已无济于事。他唯一能做的，就是尽己所能，为楚国争取到最好的战败国待遇。

※　　　　　※　　　　　※

公元前 299 年，秦国在争取到齐国的友好后，对楚国展开了下一步行动。

秦王嬴稷先是发兵攻占了原属楚国的八座城池，再派人送信给楚王熊槐，信上说道：

"五年前，寡人与楚王您以兄弟互称，在黄棘结为同盟，结盟当日的种种喜悦欢欣，无一不令寡人铭记在心。怎料好景不常，您的太子在我国作客时，竟杀害了寡人重要的臣子，并在事后不告而别，寡人为此大感愤怒，于是出兵报复……

"听说您为了求取和平，将太子送到齐国作为人质，寡人为此深深感到遗憾，心想秦楚两国由于疆域相互接壤，数百年来互为姻亲，感情实在深厚，奈何今日秦楚交恶，以致无法齐心合力来号令天下诸侯。为了弥补这层遗憾，寡人愿意与您在武关会面，当场结为同盟……希望能

尽速得到您的回复。"

熊槐读完嬴稷的信函，内心万分忧虑，毕竟他已领教过秦国的出尔反尔，然而今日已有八座城池的损失在前，不能不慎重考虑如何回复秦王。如果去武关，担心又是一个陷阱；不去，更害怕触怒嬴稷，使两国关系更加恶化——国内乱局尚未完全平复的楚国，已经无力再承受一场战争了。

于是他召来几名亲近的臣子，讨论应对之道。

熟悉外交事务的屈原看完秦王的信简后，首先说道：

"秦国的贪婪暴虐是大王早已见识过的事实，秦王的承诺更是脆弱，完全不能相信，微臣认为大王不能去武关，去了恐怕后患无穷！"

主掌军事任务的昭睢也认为熊槐不该去武关，他说："秦国早就怀有吞并各国的野心，此刻的善意背后一定隐藏着更多的恶意。微臣认为大王应该加强军备、自我防卫，千万不能将楚国的未来交给秦国决定。"

熊槐觉得他们的话很有道理，但仍然犹豫不定，于是转头询问他目前颇为看重的小儿子子兰的意见。

子兰说："孩儿认为父王还是接受秦王的好意吧。毕竟秦国的国力正盛、气焰正高，拒绝了只怕会招来更糟糕的厄运。"

屈原闻言，脸色一沉，正要反驳，熊槐却摆手喝令他别再多说。

"寡人就走一趟武关吧，毕竟多年征战下来，楚国军民已经疲累不堪，能少一战是一战。"

熊槐抱持着为楚国减少忧患的念头去了武关，哪晓得在武关等待他的不是秦王，而是秦国的伏兵。他一进武关就被秦兵俘虏，直接送往秦国首都咸阳。

秦王在章华台接见熊槐时的态度，不是招待兄弟盟邦或姻亲国家之主的郑重，而是对待蛮夷之臣的轻蔑。熊槐受此侮辱，才真正醒悟到秦王不可信赖，后悔当初没听从屈原、昭睢的忠告。

只见章华台上，秦王用一副高高在上、如同施恩一般的口吻说："寡人知道堂堂楚国之王不能够在秦国作客太久，更知道楚国迫切希望能与秦国结盟……那就这样吧，只要楚国愿意割让巫郡与黔中郡予秦国，寡人立刻备妥车马随从，护送你风风光光返回郢都。”

熊槐不禁勃然大怒："你怎敢诳诈我，又强要我楚国土地？"之后不管秦王再怎么威胁利诱，他再也不肯相信对方任何一个字了。

秦王见状，干脆一不做二不休，将熊槐扣留在秦国。

※   ※   ※

熊槐被秦王挟持，要挟割让巫、黔中二郡的消息，迅速传到楚国，百姓闻之震惊，朝中臣子更是惶恐。

"巫郡？黔中郡？一个是扼守三峡的重镇，另一个是地广三千的要邑，如果这样让给了秦国，我等死后有何颜面去见楚国历代君王？"

"大王被小人嬴稷扣押，现正引颈企盼我们的救援，哪来时间细想割土让地丢不丢脸？！"

"都说秦王言而无信了，谁知割让二郡后秦王会不会遵守承诺，说不定他见此招得逞，越发狮子大开口，强要我国把郢都也让出去！"

"那大王怎么办？就扣在秦国不管了吗？"

大殿上，朝臣各执一词，谁也不服谁，眼看就要打起来了。屈原孤单一人站在梁柱的阴影里，低垂着头，难过得心直要滴出血来。

倘若当时他的态度更坚决、更强硬，不惜拼上一条性命以阻止熊槐赴约，是不是就可避免今日大王被扣留在秦国的局面？他早知秦王毁约成习，早知赴约必有后患，怎么没有坚持己见？当时的自己究竟是怎么了，怎会犯下这么重大的错误？

屈原越想越自责，恨不得立刻插翅飞到秦国去，与君王同生共死。

然而就在他悔恨交加的时候，大殿上的讨论已经转向了另一个方向。

"大王被拘禁在秦国无法回来，太子又在齐国当人质，假如齐、秦两国狼狈为奸，以大王或太子的性命当盾牌，派遣军队前来侵犯，那么没有国君的楚国就危险了。不如就先拥立现在国内的公子为王，断绝秦国的威胁，也避免齐国对我不利吧。"

屈原一听这话，心头更是悲愤。你们竟已在讨论另立

新王了？难道你们真打算放弃大王，任他在秦国受尽敌人侮辱，也放弃质押在齐国的太子，不管他是大王属意的继位人选吗？

这时昭雎说话了："大王与太子都困在别的国家，已经足以证明我等的无能了，不应该还违背大王的意愿，另外拥立其他的公子为王。"

众臣又是一阵骚动。

"但要怎么跟齐国谈判，齐王才愿意让太子回国啊？"

"这任务可不简单，有谁在齐国寻得到门路，可以承办这件事情？"

屈原旁听他们的讨论，内心陷入两难。理智上他知道应该迎回太子，立为君主，以断绝秦国的要挟，但在感情上他实在无法接受就这样把熊槐扔在秦国不管，因为熊槐曾如此看重自己，而自己也曾对熊槐寄予厚望，认为是楚国扬威天下的希望所在。可是到了这种时候，他又怎能坚持自己的主观想法，而不顾国家的安危呢？

熊槐最小的儿子——子兰——此刻也在大殿上。他勉强挤出冷静的表情参与朝臣的讨论，心情随着其中转折而起伏不定良久，最后竟得到这个不如意的结果，不禁愤恨地瞪了昭睢、屈原一眼。

于是楚国假称熊槐驾崩，要迎太子回国即位。齐王接到消息后，本想扣押熊横，换取楚国淮北一带的土地。但宰相孟尝君① 劝阻他，说道：

"倘若因我国扣押楚国太子，楚国于是另立新王，不但我国手上的人质从此失去价值，全天下人也会站在楚国那边指责我国乘人之危，见利忘义，这对我国来说，实在不是什么好评价，也破坏我国在各国之间的威信。"

于是齐王接受孟尝君的建议，使熊横得以回国即位。

至于秦国这边，秦王眼见扣留熊槐谋取楚国巫、黔中二郡的计划失败，楚国还另立新君宣示不愿屈从秦国的意念，于是一怒之下发兵攻楚，大败楚军，斩首五万，夺取了十五座城池以泄愤。

熊横② 即位为楚王的第二年，韩、卫、齐三国攻秦，

---

① 孟尝君：姓田名文，出身于齐国王族，以养士众多而闻名当世，与魏国信陵君、赵国平原君、楚国春申君合称"战国四公子"。

② 熊横：即楚顷襄王。他在担任楚王的三十六年（公元前298年到前263年）中，不但忘却杀父之仇，忽视各国形势，继续与（转下页）

打入函谷关，获得重要胜利，迫使秦国投降。虽被软禁，但从未灰心丧志的熊槐终于逮着机会，趁乱逃出秦国。秦国察觉熊槐逃走后，立刻派兵封死通往楚国的所有交通要道。熊槐被迫往北，走小路逃到赵国，希望能通过赵国的帮助，返回楚国。

然而此时赵国的新王才刚即位，他不敢触怒秦国，紧闭城门不让熊槐进入。熊槐只好调头逃往魏国，但秦兵已在这时追上他，再度将他俘虏，送回咸阳。

一年后，熊槐病死于秦，秦楚从此断交，各诸侯国也从此不再相信秦国的任何承诺。

熊槐客死秦国的消息传来，举国哀恸。

"您真的死了……"屈原愣愣地瘫在一室黑暗中，仿

（接上页）秦国亲善，而且还沉迷在声色犬马中，不思改革朝政，任凭国力日渐衰落。到了统治后期，面对秦国越来越猛烈的攻击，楚国越来越明朗的灭国态势，他依旧不思振作，只晓得迁都到东方，求个一时的安逸。楚国在他手上只有日渐消沉、萎缩、堕落，丧失了最后的反击能力。

佛耗尽了全身力气般，连一根手指也动不了。他本来以为，不管要花费多少时日，自己终究会等到熊槐生还楚国的那一天，怎料熊槐死亡，灵柩被送返郢都，希望最后成了绝望。

恍惚中，他的神魂仿佛回到多年前秋日之时的云梦大泽，看见自己与熊槐策马急驰在草原上……

有无数奔马在不远处奔跑，连绵成一线的火光狼烟将猎物驱赶到一处：獐子、野兔、雉鸡、山鹿……个个仓皇狼狈，无路可走。熊槐大笑着弯弓放箭，一条条生命就此无声无息地陨落，恐惧与死亡的气息沉沉地压入屈原内心深处。

终于，他无法忍受，上前劝阻："大王，上天有好生之德，可否网开一面？"

熊槐看了他一眼，收回弓箭："你就是不肯让寡人有丝毫放纵的时候啊？"

"臣不敢。臣只是觉得——"

"别说了，你那些古圣贤王如何如何的话，寡人听得都会背了。"熊槐虽似斥责，却又流露一丝喜悦，"不过你的劝谏再不中听，寡人也是非听不可，谁教你是为寡人着想呢。"

屈原受宠若惊地抬起头，正好看到了君王赞许的眼神。

"有了你的监督，寡人应当可以在史册上留下'明君'的声名吧，哈哈哈——"君王朗朗大笑，伸手指向西方即将沉入地平线的火红夕阳。

"就这样办吧，你继续指正寡人的过失，寡人则尽可能努力改正。等到你我年老之时，再来看看这世界究竟成了谁家天下，寡人又有什么样的威名！"

"曰黄昏以为期……曰黄昏以为期……"可是那个跟他订约的人，魂魄已经消散在异国山水间，仓仓皇皇不知如何返回江南故土。

"对，要招魂，招您的魂魄回来江南。"屈原振作精神，擦了擦不知何时泪湿的脸颊，撑起虚软无力的身躯，燃起油灯，摊开竹简，竭尽所有文思写下招魂的誓词：

魂兮归来！东方不可以去啊，那里有索魂的巨人，把金石也都销熔的烈日；南方不可以久留啊，那里的野人拿人肉祭祀，还把骨头剁成烂泥，更有猛兽四处出没，吞食往来行人充饥；西方有流沙万顷，五谷不生，滴水无觅，孤单无所依；北方冰碛漫山，飞雪千里……

魂兮归来！回到您的国都，回到您的宫廷。那里宁静安乐，兰蕙飘香，丝绸轻软，美人在旁；那里有美酒佳肴，调味羹汤，钟鼓雅乐令人心摇神荡，彩袖旋舞教人眼眩心花……

魂兮归来！我王！归来这深深依恋着您的江南。

屈原一把火烧了为熊槐而作的招魂诗。随着那袅袅青烟腾空而起，他仿佛看见飞龙彩凤拉着瑶玉座车驰往秦国方向，前去接引那楚国曾经的王。

※　　　　　※　　　　　※

屈原招熊槐魂魄一事，在郢都传得沸沸扬扬。

人人都说还是屈大夫忠耿，一心惦念着逝去的楚王。许多人抄录屈原创作的招魂诗，再学他烧了诗作，想以此来引导熊槐的魂魄归返故乡。更有人认为，要是当年听了屈大夫的话，不去武关赴盟会，熊槐就不会被言而无信的秦王扣押，最后病死异国。

被熊横提拔、担任令尹一职的子兰听到百姓指责他思虑不周，连累楚王，将一肚子气都出在屈原身上。

他在熊横的耳边说："屈原私底下嫌弃您，说都是您当年在秦国闯祸，毁了秦楚盟约，才会导致今日秦楚交恶的情况。"

靳尚从来就视屈原为眼中钉，如今更逮着机会在熊横耳边煽动："国都的人都在招先王魂，大王啊，他们心中可还有您这个楚国真正的王？"

昏庸的熊横信了他们的挑拨，于是将曾经助他登上王位的屈原流放到江南。

放逐这个下场，多少在屈原的预料之中，但他没想到的是这回的流放地居然这么遥远，几乎已经达到当时所知最荒僻的穷山恶水。

他不认为自己有错，可是他还需要辩解什么呢？又有什么是值得辩解的？熊槐死了，他说的话已经没有人会听了。

于是就在那个初春时节，屈原简单收拾了行李，带着几个陪自己一路走来的家臣，来到位于城门东侧的渡头。那里停了一艘小舟，准备载着他沿着长江、夏水，航行到远方。

朝阳下，船桨齐扬，小舟体贴离乡人的心情，慢吞吞地驶离城门。屈原站在船尾，望向城门，内心无比悲伤。

今朝离开郢都，何时才再有回归的希望？前途茫茫，抑郁的心将停驻在何方？

※　　　　　※　　　　　※

江南的丛林茂密昏暗，高耸的山势常常遮蔽了所有阳光；山脚下幽暗多雨，霰雪飘飘荡荡无垠无涯，山岚雾气积蓄在屋檐下。长久处于这种环境里，生活毫无乐趣，屈原没有一晚不曾梦见故乡。

在梦里，位于丹阳的祖居仍然巍峨耸立，父母亲虽然年迈，身体却是硬朗，最爱的姐姐则一身雪白祭袍，站在神坛前转达太一神对楚国的祝福。他也常常梦见郢都，那个繁华的、热闹的楚国都城，还有英姿焕发的熊槐笑着拍拍自己的肩膀，赞许自己法令研拟得当，实在是楚国的股肱之臣。

梦醒就是痛苦的开始。他会忆起丹阳早已陷落在秦国手里的事实，父母、姐姐、乡人……都已经不在世上，屈氏一族世世代代居住的屋宇亦毁于战火。他还会想起熊槐逐渐疏远自己的那段难熬时光，当熊槐大怒之下将自己放逐到汉北时，又是怎样的绝望愁苦。

为了安慰自己，屈原回想起史书上那些关于忠臣贤人的记载：残暴的纣王将贤能的比干挖心，吴王夫差赐剑给伍子胥命令他自杀，隐士桑扈为了坚持理想，穷得连蔽体的衣物都没有，贤人接舆眼看局势混乱无常，剃去头发装疯卖傻。是啊！是啊！忠良的人不一定会被重用，贤能的人也不一定会被褒奖。今日被楚王熊横放逐，其实也不是最糟糕的下场。

他猛然醒悟自己应该四处寻访，不要虚度时光。

于是白天里，屈原四处漫步，东摘一朵芬芳的白芷，西采一节长年不凋的野草，整理成束配挂在腰间，随口哼唱宫廷里流行的曲调，浑然不顾旁人怎么看待他的疯狂。他游走各地参访祭典，看当地人们如何表达对神祇们的崇敬，呕心沥血创作祭神歌，让楚国的神巫文化因他的笔墨文采，在历史上留痕。

到了夜晚，屈原会在一室黑暗中，想象自己驾着青虬白螭，奔走在长天之上，让晚风排遣所有难解的忧伤。他可以跟古帝重华一同游历饰满瑶玉的园圃，也可以登上昆仑山，摘采美玉做成的香花；他潇洒自若地登上险峻的高山，如燕子般轻巧地跃向霓虹的顶端；他从云端俯视汹涌澎湃的长江水，思考翻腾的水流究竟会奔向何方。

他慢慢地感受到喜悦从内心深处涌出，因为即便自己穷困潦倒，才华仍旧盈满胸膛，名声也依然突显。他甚至还怀抱着一线希望，也许哪日楚王会突然醒悟，召他回去郢都，让他为国家贡献最后一点力量。

公元前 279 年，秦国将领白起率领大军攻击楚国的陪都①鄢。由于鄢都距离郢都只有二百里，楚国自然派了主力军队顽强抵抗。白起久攻不下，干脆在鄢都西北修筑渠道，引汉水灌入鄢都，淹死了数十万楚国军民。

鄢都陷落的噩耗再度将屈原击倒在无底深渊里，最后在一片绝望中，他看见了一丝光亮：

死谏！以自己的死，逼迫君王觉醒。

这是被贬谪江南、却还想着要为国家贡献最后一分力的屈原，所能采行的最终极的办法。

偶尔，屈原心里会闪过一丝迟疑，怀疑这么做究竟能产生多少作用，那个昏庸到了极点的熊横会理解他的心情吗？

日子就在这样的犹疑中，一天又一天飞也似的过去，直到捻熄这最后一丝光亮的消息突然传来……

---

① 陪都：首都之外，另建的第二国都。

尾 声

公元前 278 年，即便狼狈地流转于江南山水间，屈原还是辗转得到了郢都被秦军攻破，楚王熊横被臣子簇拥着仓皇东逃的消息。

就这样了吗？楚国国祚就这样到了尽头了吗？就算迁都到东边，重开朝政，又能苟延残喘多少时日？凤凰被驱逐到荒山野岭间，鸡鸭却嚣张地舞在庙堂上，忠贞贤达的臣子被放逐，巧言令色的小人却成了君王的耳目！任那些人鼓舌如簧，又怎救得了楚国的危急？！

烟雨蒙蒙中，屈原披头散发、衣衫褴褛，漫无目的地徘徊在原野之上。

他昂首望向北方，仿佛看见国都被焚的熊熊火光，百姓尖声哭嚎着将从此沦为亡国之臣，宗庙里，楚国历代君王的牌位被劈成碎片当柴火，沟渠里浮着一具具惨白的

尸身……

楚国将亡!

屈原又哭,又笑,又舞,散不尽满腔的郁闷、悲哀与愤怒。

他还能做什么呢?垂垂老矣的自己还有什么指望?曾跟他"曰黄昏以为期"的熊槐已经死了十八年,他也孤苦伶仃、行尸走肉地多活了十八年。

够了!够了!够了!

就这样了吧!就让那汨罗江水成为他的归处!

滔滔孟夏兮,草木莽莽。

屈原一身雅洁儒服,头戴切云冠,腰悬陆离剑,漫步芒草间。他在江边选了块大石,用腰绳将石头捆在身上,望了故都最后一眼,然后纵身一跃!

滔滔江水,迅速吞没了那清癯的脸孔、消瘦的身影,头也不回地继续往北奔流,仿佛什么都不曾发生过一样。

相传,屈原投江自杀的这天,正当农历五月五日。居住在汨罗江畔的人们曾操舟撒网,在江上来回打捞屈原尸身,但最后仍是一无所获。他们心疼这位一心为国,甚至不惜以身相殉的贤大夫，于是就将米饭炒熟，丢到江里喂鱼虾，希望鱼虾在吃饱了米饭后，不会吞吃屈原的躯体。

这个举动演变到最后，就成了我们相当熟悉的中国传统节日：端午节。人们在农历五月初五的这一天吃粽子，划龙舟，追忆这位二千三百年前的爱国忠臣——屈原。

※　　　　※　　　　※

同情屈原、感念他对楚国一片赤诚的人，将他的死讯传回楚国宫廷。

楚王熊横听了只是耸耸肩，回头继续沉溺在一干佞幸的吹捧奉承里。

令尹子兰听说屈原已死，哈哈大笑后摆宴庆祝了三夜三天。

老迈的昭睢接到屈原死讯，难过得哭干了眼泪。

一些还记得屈原当年事迹的人，悲叹着苍天不仁，竟让这位忠臣仕途乖舛……莫非天要亡楚？

果然，在屈原死后的第五十五年，秦兵攻破楚国最后的国都寿春，俘虏了楚王熊负刍，楚亡。

两年后，秦王嬴政统一天下。

屈原小档案

约前 340 年　诞生。

前 320 年　至郢都，成为熊槐的臣子。

前 317 年　第一次出使齐国，齐楚结盟。

前 314 年　升任左徒，后因析君、靳尚、上官大夫的谗言，被熊槐罢黜，改任三闾大夫。

前 313 年　张仪自秦国到楚国，用商於之地说动熊槐与齐国绝交。屈原欲谏熊槐，却没有机会。

前 311 年　因熊槐知道被骗，怒而攻秦国，但战败，于是熊槐再度起用屈原，命他使齐，缔结盟约，齐楚再次结盟。

前 305 年　熊槐背弃与齐国的盟约，与秦国联姻，迎娶了秦国公主。屈原虽力谏却未被采纳，后更被熊槐放逐汉北。

前300年 熊槐使太子质于齐国，屈原跟着太子又使于齐。

前299年 熊槐受骗入秦而被扣留，第二年太子熊横被立为楚王，屈原十分悲痛。

前296年 熊槐死于秦，屈原遭小人谗言，被熊横流放。

约前278年 屈原得知秦将白起破楚郢都，于农历五月五日投汨罗江而死。